바른 역사를 펴내는 데 길잡이가 되어 주신 분들

추천감수 최광식 (현 고려대학교 한국사학과 교수 · 국립 중앙 박물관장)
고려대학교 사학과를 졸업하고 같은 학교 대학원을 졸업했습니다. 고구려, 백제, 신라의 정치와 사상을 연구하고 있습니다. 효성여자대학교 사학과 교수, 일본 동북대학교 객원연구원, 중국 북경대학교 초빙교수, 미국 UCLA 초빙교수를 지냈으며, 한국역사민속학회 회장, 한국고대사학회 회장, 고구려연구재단 상임이사, 고려대학교 박물관장으로 활동했습니다. 현재 고려대학교 한국사학과 교수 및 국립 중앙 박물관장, 한국고대학회 회장으로 활동하고 있습니다. 주요 저서로는 《고대 한국의 국가와 제사》, 《중국의 고구려사 왜곡》, 《단재 신채호의 '천고'》, 《우리 고대사의 성문을 열다》, 《백제의 신화와 제의》, 《한국 고대의 토착신앙과 불교》 등이 있습니다.

추천감수 박남수 (현 국사편찬위원회 편사 연구관 · 동국대학교 사학과 겸임교수)
동국대학교 사학과를 졸업하고 같은 학교 대학원 사학과에서 한국 고대사를 전공했습니다. 한국 고대 사회경제사 및 정치사를 연구했습니다. 현재 국사편찬위원회 편사 연구관 및 동국대학교 사학과 겸임교수로 활동하고 있습니다. 주요 논문으로는 《신라 화백회의 기능과 성격》, 《김대성의 불국사 조영과 그 경제적 기반》, 《삼국의 경제와 교역활동》, 《8~9세기 한 · 중 · 일 교역과 장보고의 경제적 기반》, 《고구려 조세제와 민호편제》, 《통일신라의 대일교역과 애장왕대 교빙결호》 등이 있으며 신서원의 《신라수공업사》를 저술했습니다.

추천감수 박대재 (현 고려대학교 한국사학과 교수 · 전 국사편찬위원회 편사 연구사)
고려대학교 한국사학과를 졸업하고 같은 학교 대학원 사학과를 졸업했습니다. 고조선, 부여, 삼한 등 한국 상고사를 연구하고 있습니다. 공군사관학교 역사철학과 교수요원, 미국 남가주대학교(USC) 한국학연구소 객원연구원, 국사편찬위원회 편사 연구사를 지냈으며, 현재 고려대학교 한국사학과 교수, 한국사연구회 편집이사로 활동하고 있습니다. 주요 저서로는 《의식과 전쟁-고대 국가를 바라보는 새로운 시각》, 《고대한국 초기국가의 왕과 전쟁》 등이 있습니다.

추천감수 임상선 (현 동북아역사재단 연구위원)
동국대학교 역사교육학과와 한국정신문화연구원 한국학대학원을 졸업했습니다. 발해의 역사와 문화, 동북아의 교과서와 역사분쟁을 연구했습니다. 서울시립미술관 및 서울역사박물관 전문위원에 이어 현재 동북아역사재단 연구위원으로 활동하고 있습니다. 주요 논문으로는 《발해 천도에 대한 고찰》, 《발해의 왕위계승》, 《'발해인' 이광현과 그의 도교서 검토》, 《발해의 도성체제와 그 특징》, 《중국학계의 발해 · 고구려 역사연구 비교》 등이 있으며 신서원의 《발해의 지배세력 연구》를 저술했습니다.

어려운 역사를 흥미로운 동화로 꾸며 주신 분들

글 우리역사연구회
중국과 일본 등 주변의 여러 나라들이 역사를 왜곡하고 있습니다. 우리가 우리의 역사를 잊어버리거나 바로 알지 못할 때 우리의 역사를 도둑맞게 됩니다. 우리 아이들에게 올바른 역사 인식과 역사관을 심어 주고, 역사 공부와 통합 논술 준비에 도움이 되는 책을 만들고자 우리역사연구회라는 이름으로 뜻을 모았습니다.
기획 및 편집 류일윤, 이인영, 김근주, 장혜미, 장도상, 하순영 **역사연구원** 이승민, 민정현, 김설아, 허보현, 최연숙 **논술연구원** 추선호, 이지선, 강지하, 김현기, 주인자, 이명숙
동화작가 류일윤, 강이든, 황의웅, 유우제, 정영선, 김유정, 조지현, 김광원, 이지혜, 조은비, 박설아, 박지선, 이승진, 김진숙, 김경선, 김명수, 한희란, 김미선, 한화수

본문 그림 송향란
현재 일러스트레이터로 활동하고 있으며, 주요 작품으로는 《누나를 사랑해》, 《마귀 할멈 감자행성에 가다》, 《쭈꾸미 달에 올라가다》, 《마귀 할멈 지구 속으로 사라지다》, 《동화로 읽는 우주 이야기》, 《세종대왕과 친구 하기》 등이 있습니다.

부록 그림 새롬
일러스트레이터 모임인 '환장'의 회원이며 일러스트레이터로 활동하고 있습니다. 주요 작품으로는 《상대성이론》, 《신경》, 《열》, 《태양계》 등이 있습니다. 재미있고 익살스러운 그림으로 아이들이 즐거워할 수 있도록 노력하고 있습니다.

문왕 발해의 문화를 꽃피우다

1판 1쇄 인쇄 2014년 2월 **1판 1쇄 발행** 2014년 2월
기획 및 편집 류일윤, 이인영, 김근주, 민정현, 김설아, 장도상, 하순영, 허보현, 이정애
교정 교열 박사례, 장혜미, 전희선, 최부옥, 김정희, 최효원 **논술 진행** 추선호, 이지선, 강지하
아트디렉터 이순영, 김영돈 **디자인** 김재욱, 김은주, 송나경, 김명희, 박미옥, 김용호, 홍성훈, design86
펴낸이 양기남 **펴낸곳** MLS **출판등록번호** 제406-2012-000094호 **주소** 경기도 파주시 회동길 216, 파주출판도시 문정 3층
전화 031-957-3434 **팩스** 031-957-3780
ISBN 978-89-98210-68-7 ISBN 978-89-98210-26-7 (세트)

⚠ 주의 : 본 책으로 장난을 치거나 떨어뜨리면 어린이가 다칠 위험이 있습니다. 고온 다습한 장소나 직사광선이 닿는 장소에는 보관을 피해 주십시오.

《구당서》열전 북적 '발해' · 《신당서》열전 북적 '발해' · 《발해고》

문왕
발해의 문화를 꽃피우다

737년, 발해 왕궁에서 성대한 즉위*식이 열렸어요.
발해 제3대 황제인 문왕의 즉위식이었지요.
"폐하, 축하드리옵니다.
 선황 폐하의 뜻을 이어 발해를 더욱 강한 나라로 만들어 주시옵소서!"
수많은 신하가 문왕 앞에 고개를 조아리며 축하했어요.
문왕은 고개를 끄덕이며 부드럽게 웃었지요.
"고맙소. 내 온 힘을 다해 발해를 다스릴 것이오.
그대들이 옆에서 많이 도와주시오."
"예, 폐하. 성은*이 망극*하옵나이다."

즉위(곧 즉卽, 자리 위位) 왕(임금)이 될 사람이 예식을 치른 후 왕(임금)의 자리에 오르는 일이에요.
성은(성인 성聖, 은혜 은恩) 왕(임금)의 큰 은혜예요.
망극(그물 망罔, 지극할 극極) 왕(임금)이나 어버이의 은혜가 한이 없는 것을 뜻해요.

문왕은 신하들에게 물었어요.
"그대들은 어떤 나라가 강한 나라라고 생각하오?"
신하들은 고개를 갸웃거렸지요.
"음, 아무래도 땅이 넓은 나라가 아닐까요?"
"저는 강한 군대를 가진 나라라고 생각합니다."

"백성들이 편하게 살고, 인재가 많아야 하오."

문왕은 신하들의 이야기를 가만히 듣더니 빙긋 웃었어요.
"그대들이 하는 말도 맞소만 내 생각은 조금 다르오.
나라 밖으로 힘을 뻗치기 위해서는
먼저 나라 안이 튼튼해야 하지 않겠소?
백성들이 편히 살 수 있고
훌륭한 인재가 많은 나라가
진정 강한 나라라고 생각하오."
문왕은 또박또박 말을 이었어요.
"나는 발해를 진정 강한 나라로 만들 것이오.
그러니 모두 나를 믿고 도와주시오!"
"예, 폐하!"

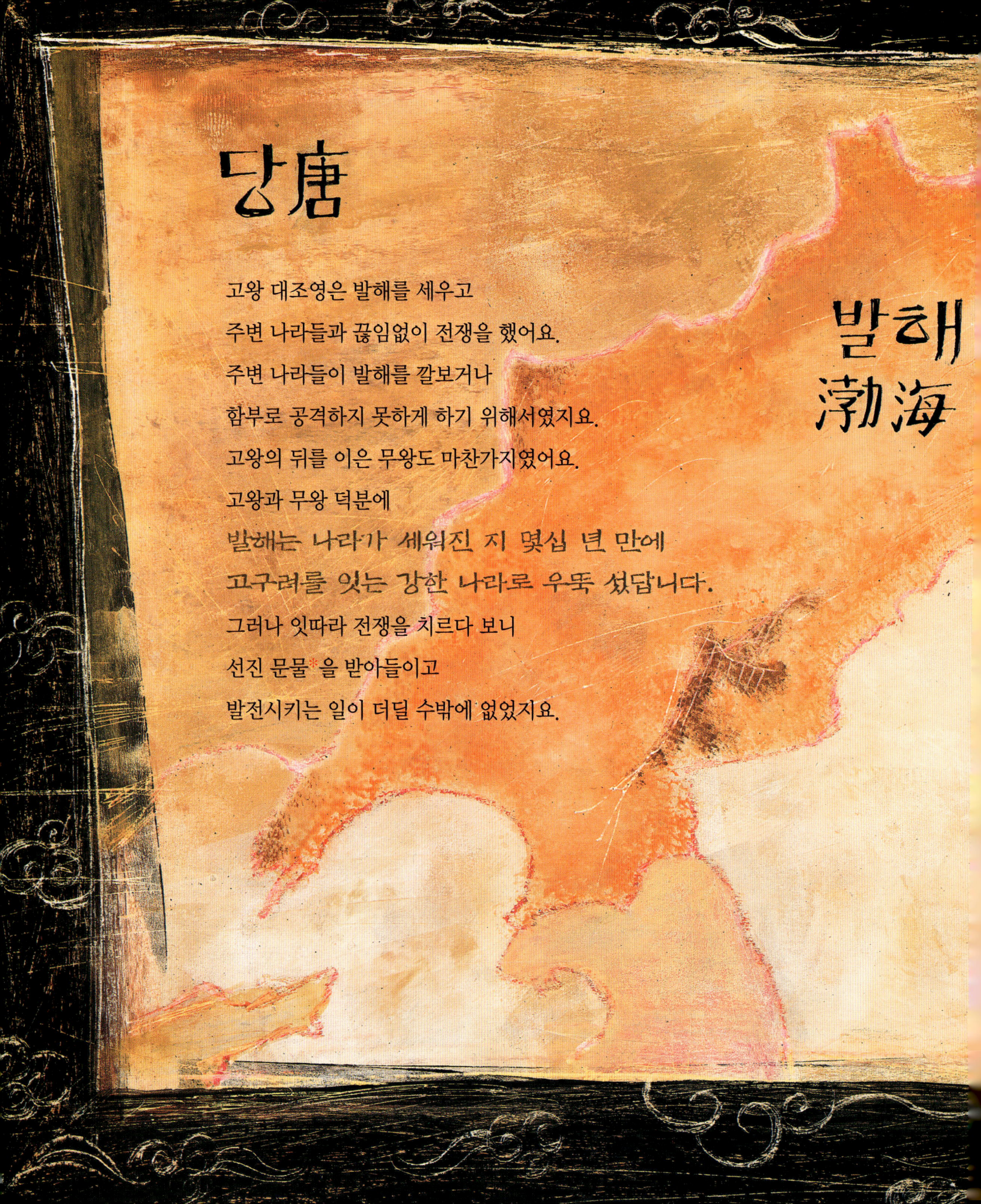

당唐

발해 渤海

고왕 대조영은 발해를 세우고
주변 나라들과 끊임없이 전쟁을 했어요.
주변 나라들이 발해를 깔보거나
함부로 공격하지 못하게 하기 위해서였지요.
고왕의 뒤를 이은 무왕도 마찬가지였어요.
고왕과 무왕 덕분에
발해는 나라가 세워진 지 몇십 년 만에
고구려를 잇는 강한 나라로 우뚝 섰답니다.
그러나 잇따라 전쟁을 치르다 보니
선진 문물*을 받아들이고
발전시키는 일이 더딜 수밖에 없었지요.

문왕은 젊은 학자들을 불러 모았어요.
"그대들은 당나라로 가서 새로운 학문과 제도를 배워 오시오."
젊은 학자들은 깜짝 놀랐어요.
"폐하, 그게 무슨 말씀이십니까?"
"우리 발해가 발전하려면 훌륭한 인재가 많이 필요하오.
당나라는 발해보다 훌륭한 학자도 많고 귀한 책도 많소.
그대들이 당나라에서 많은 것을 배워 온다면
분명 발해에 큰 도움이 될 것이오."
문왕은 학자들을 두루 살펴보며 힘차게 말했어요.
"앞으로 발해를 짊어지고 갈 인재들은 바로 그대들이오!"

🏛 당나라 문물을 받아들인 문왕

문왕은 나라를 다스리는 동안 당나라에 50회 이상 사신을 보내는 등 당나라의 문물 제도를 적극 받아들였어요. 《당례》, 《삼국지》, 《진서》와 같은 예서와 역사서가 이때 들어왔지요. 문왕은 당의 선진 문물을 바탕으로 발해의 행정 제도와 지방 통치 체계를 갖추었어요. 중앙에 3성 6부라는 통치 기구를 갖추고 지방을 5경 15부 62주로 개편한 것은 문왕 때의 일이에요.

젊은 학자들은 문왕의 뜻을 받들어 당나라로 속속 떠났어요.
문왕은 학자들이 돌아올 때를 대비해 주자감*을 세웠지요.
"유학은 신하의 도리를 가르치는 학문이오.
 나는 인재들에게 유학을 가르쳐
 나라에 충성하고 백성을 아끼는 신하로 키워 낼 것이오."
**문왕은 왕족과 귀족 자제를 가려 뽑아
주자감에서 유학을 배우게 했어요.**
주자감이 세워지자 발해 곳곳에 학문을 가르치는 곳이 하나 둘씩 생겼어요.
차츰차츰 왕족과 귀족뿐만 아니라 백성들도 유학을 배우게 되었지요.
또한 당나라에 갔던 학자들이 돌아오면서 《당례》, 《십육국춘추》 등
많은 책과 선진 문물을 가져왔어요.
그 덕분에 발해는 학문과 문화가 크게 발전할 수 있었지요.

*주자감 왕족과 귀족에게 유학을 가르친 발해의 최고 교육 기관이에요.

하루는 문왕이 신하들을 모두 불러 말했어요.
"이곳 구국*은 땅이 좁고 거칠어 농사짓기에 나쁘오.
또 산으로 둘러싸여 있어 오가는 데 몹시 불편하오.
아무래도 중경으로 도읍을 옮겨야겠소."
"폐하, 이곳은 고왕 때부터 지켜 온 도읍이옵니다.
도읍을 옮기시다니요. 안 됩니다!"
신하들은 너도나도 반대하고 나섰어요.
그러나 문왕은 들은 척도 하지 않았어요.
"이미 결정했소.
중경은 땅이 비옥하여
농사가 잘될 뿐만 아니라
무기와 농기구를 만드는
철광석이 많이 묻혀 있소.
중경이야말로 앞으로 더욱더 커 나갈
발해의 도읍으로 안성맞춤이오."

도읍을 옮기시면 아니 되옵니다.

아무 데도 안 갈 거예요.

구국(舊國)

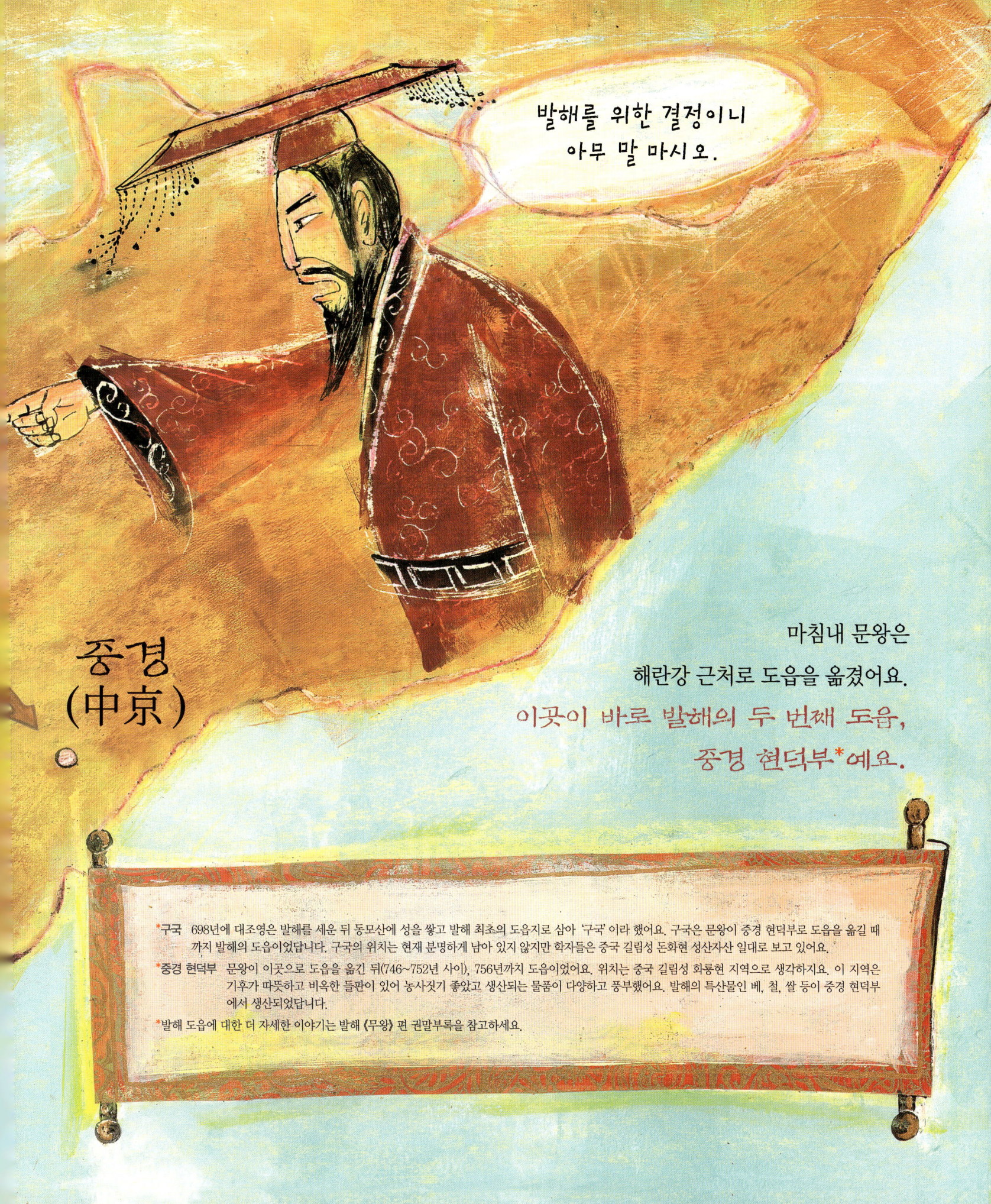

'온 백성들이 굶지 않고 편히 사는 나라,
나는 그런 나라를 만들고 싶다.'

하늘도 문왕의 마음을 안 걸까요?
발해는 해를 거듭할수록 더욱더 살기 좋아졌어요.
유학을 배운 인재들이 나랏일을 맡으면서 나라의 기틀이 바로 섰고요.
질 좋은 철광석으로 튼튼한 농기구를 만들어 낸 덕분에
곡식도 많이 거둘 수 있었지요.
"올해도 풍년이구나! 모두 황제 폐하 덕분이야."
"폐하께서 백성을 자식처럼 아껴 주시니 얼마나 고마운지 몰라."
백성들은 모였다 하면 문왕을 칭찬하느라
입에 침이 마를 새가 없었답니다.

안녹산과 손을 잡아야 합니다.

755년, 발해 왕궁에 놀라운 소식이 전해졌어요.
"폐하, 당나라에서 안녹산이 반란을 일으켰다고 합니다.
 황제는 도읍인 장안을 빼앗기고 피난을 갔다 합니다!"
그러자 신하들 사이에 소란이 일었어요.
"폐하, 안녹산과 손을 잡으셔야 합니다.
 안녹산이 발해까지 치면 어쩝니까?"
"당나라는 그리 쉽게 무너지지 않습니다.
 지금 안녹산과 손잡으면
 훗날 당나라가 우리를 가만두지 않을 겁니다."
신하들은 당나라 편과 안녹산 편으로 나뉘었지요.
문왕은 신하들의 이야기를 들으며 곰곰이 생각했어요.
'어느 쪽과 손을 잡는 것이 발해에 좋을까?'

당나라를 적으로 만들면 안 됩니다.

며칠 후, 문왕은 다시 신하들을 불러 모았어요.
"지금 섣불리 어느 한쪽을 편드는 것은 매우 위험한 일이오.
좀 더 상황을 지켜보고 결정하는 것이 좋겠소."
"하지만 폐하……."
"그대들이 이미 말하지 않았소?
안녹산과 손을 잡았다가 당나라가 다시 일어나면 어쩔 것이오?
반대로 당나라 편을 들었다가 안녹산이 쳐들어오면?
어느 쪽이든 우리는 전쟁을 피할 수 없게 되오.
상황을 지켜보다가 결정해도 늦지 않을 거요."
신하들은 아무 말도 하지 못했어요.

문왕은 당나라와 안녹산의 움직임을
주의 깊게 살폈어요.
도읍을 상경 용천부*로 옮기고
혹시 일어날지 모르는 전쟁에 대비했어요.

*상경 용천부 지금의 중국 흑룡강성(헤이룽장 성) 영안현 동경성 일대예요.

그러던 어느 날, 장원간이라는 사람이 문왕을 찾아왔어요.
"저는 당나라의 사신 장원간이옵니다.
 황제께서 오는 10월에 안녹산을 치려고 하니,
 발해 황제께서는 군사 4만 명을 보내 달라고 하셨습니다."
문왕은 장원간이 영 의심스러웠어요.
"그대가 하는 말을 확인해 봐도 좋겠소?"
"정 그러시다면……."
문왕은 화난 목소리로 명령했어요.
"여봐라! 당장 저자를 잡아 가두어라!"

장원간과 신하들은 깜짝 놀랐어요.
"폐하, 당나라 사신을 가두다니요!
아니 됩니다. 명을 거두소서!"
하지만 문왕은 아랑곳하지 않고
장원간을 잡아 가두었어요.
그리고 사신을 보내
당나라와 안녹산의 사정을 알아보게 했지요.

슬기로운 분이셔.

황제 폐하 만세.

날 보고 웃으셨어.

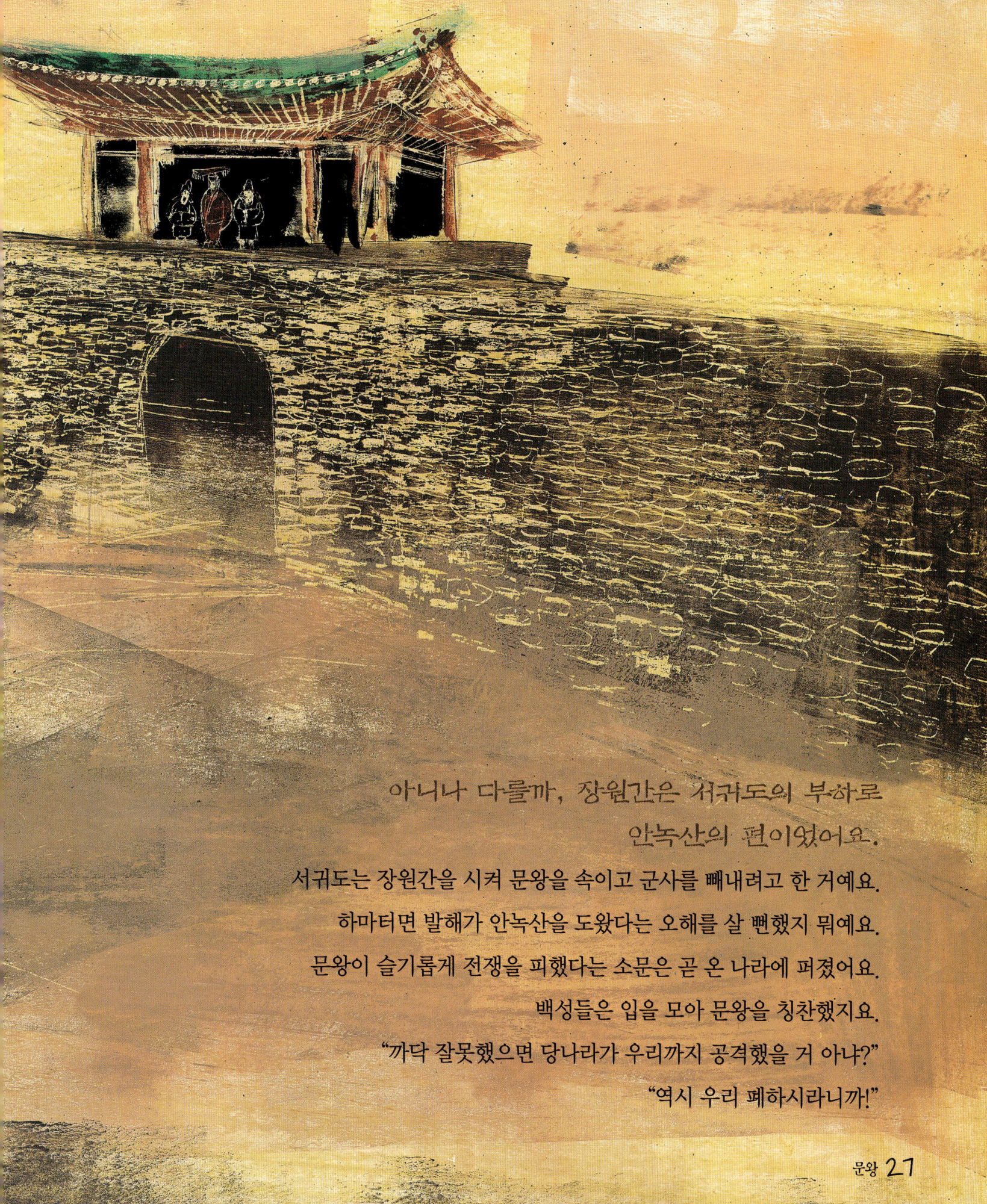

아니나 다를까, 장원간은 서귀도의 부하로
안녹산의 편이었어요.
서귀도는 장원간을 시켜 문왕을 속이고 군사를 빼내려고 한 거예요.
하마터면 발해가 안녹산을 도왔다는 오해를 살 뻔했지 뭐예요.
문왕이 슬기롭게 전쟁을 피했다는 소문은 곧 온 나라에 퍼졌어요.
백성들은 입을 모아 문왕을 칭찬했지요.
"까딱 잘못했으면 당나라가 우리까지 공격했을 거 아냐?"
"역시 우리 폐하시라니까!"

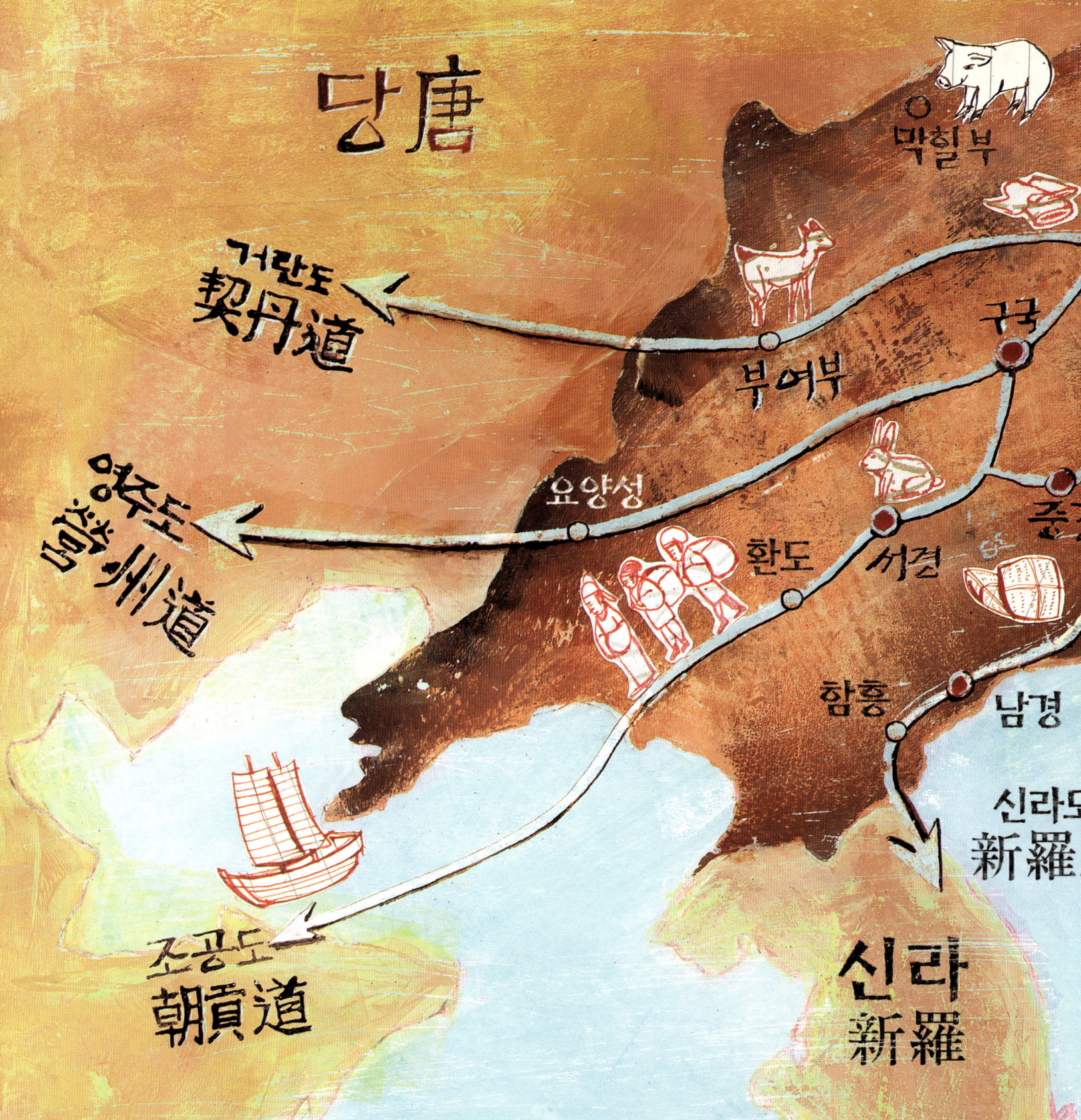

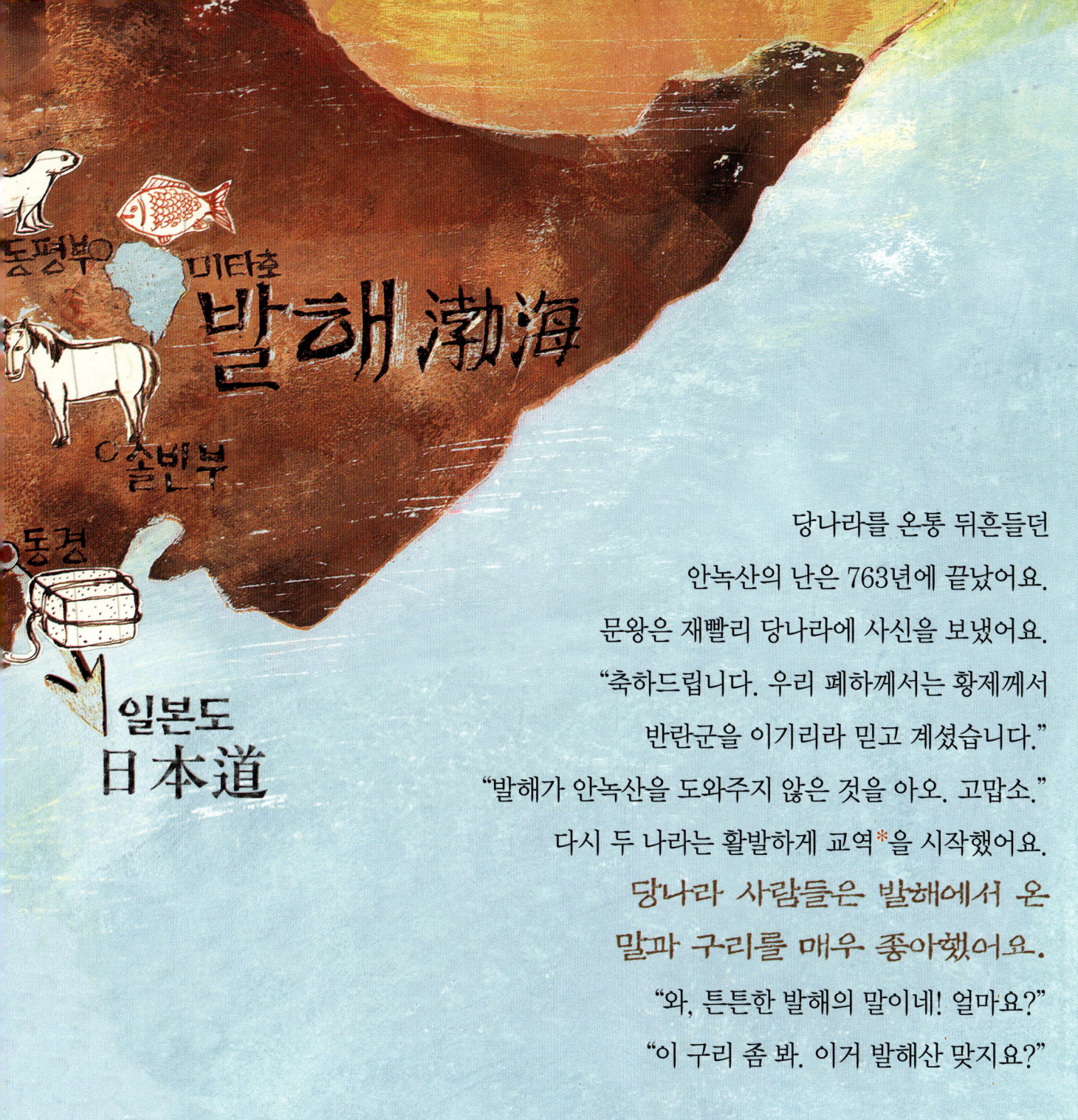

당나라를 온통 뒤흔들던
안녹산의 난은 763년에 끝났어요.
문왕은 재빨리 당나라에 사신을 보냈어요.
"축하드립니다. 우리 폐하께서는 황제께서
반란군을 이기리라 믿고 계셨습니다."
"발해가 안녹산을 도와주지 않은 것을 아오. 고맙소."
다시 두 나라는 활발하게 교역*을 시작했어요.
당나라 사람들은 발해에서 온
말과 구리를 매우 좋아했어요.
"와, 튼튼한 발해의 말이네! 얼마요?"
"이 구리 좀 봐. 이거 발해산 맞지요?"

*교역(사귈 교交, 바꿀 역易) 주로 나라와 나라 사이에 물건을 사고팔아서 서로 바꾸는 것을 말해요.
*발해의 교역로에 대한 자세한 내용은 발해 《선왕》 편 권말부록을 참고하세요.

발해 渤海

문왕은 나라 안을 튼튼히 다진 왕이었어요.
유학을 발전시키고 선진 문물을 받아들여
발해를 문화 강국으로 만들었지요.
또한 나라 밖 사정에도 밝았어요.
특히 당나라와 안녹산 사이에서
신중하게 외교를 펼쳐
쓸데없는 전쟁을 피했어요.

고왕과 무왕의 뒤를 이어
발해를 더욱 튼튼하게 세운 문왕!

문왕은 794년에 눈을 감을 때까지
발해를 발전시키기 위해 온 힘을 다했어요.
이런 문왕의 노력이
훗날 해동성국* 발해를 이루는 밑거름이 된 것은
두말하면 잔소리겠지요?

*해동성국(바다 해海, 동녘 동東, 성할 성盛, 나라 국國)
바다 동쪽에 있는 강성한 나라라는 뜻이에요. 발해 전성기 때 당나라에서 발해를 해동성국이라 불렀어요.

인물탐구

문화의 힘으로 발해를 영글게 하다

발해를 세운 대조영의 손자이자 발해의 세 번째 황제인 문왕은 전쟁을 통해 나라의 영토를 넓히는 것보다 나라 안을 발전시키는 데 힘썼어요. 당나라의 문물과 제도를 받아들이고, 발해를 문화 대국으로 만들기 위한 꿈을 펼쳤답니다.

> 저는 아버님을 성인이나 황상으로 불렀어요. 그만큼 위대하신 분이니까요.

> 부처님의 가르침으로 나라를 다스리겠다!

황제의 칭호를 쓰다

문왕의 넷째 딸인 정효 공주 무덤의 비석에는 문왕을 '성인'이나 '황상'으로 불렀다고 새겨져 있어요. 황상은 현재 살아 있는 황제를 부르는 말이에요.

'전륜성왕' 같은 황제가 되리라

'전륜성왕'은 '불법의 수레바퀴를 굴려 나라를 다스리는 이상적인 왕'을 말한대요.
문왕은 칼보다 부처님의 가르침으로 나라를 다스리려 했어요.

> 문왕께서는 부처님의 가르침을 백성들에게 널리 전하기 위해 절을 많이 지으셨지요.

> 제가 옆에서 쭉 지켜봤는데 우리 황상은 정말 똑똑하신 분입니다. 이번에 만든 3성 6부도 보세요!

불교를 부흥시키다

문왕은 고구려에서 이어받은 불교를 더욱 크게 일으켰어요. 도읍에 절과 탑도 많이 짓고 왕실과 귀족들을 중심으로 불교를 널리 퍼뜨렸답니다.

뼈대가 되는 제도를 갖추다

문왕은 3성 6부의 중앙 통치 기구와 부-주-현제의 지방 통치 제도 및 10위의 군사 제도를 갖추며 나라의 뼈대를 세웠어요.

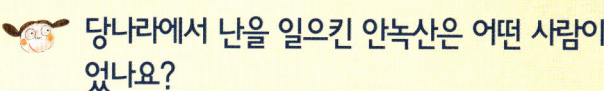

군왕에서 국왕으로 인정받다

당나라는 762년, 문왕을 '군왕'이 아닌 '국왕'으로 인정했어요. 이것은 발해가 나라 안팎으로 큰 발전을 이루었고, 국제 사회에서 받는 대접이 그만큼 높아졌음을 말해 줘요.

> 우리 당나라는 문왕을 국왕으로 대접했소. 이전의 발해 왕들은 군왕이라고 불렀지.

> 발해인들은 자기들이 '하늘의 자손'이라고 뽐내무니다. 잘난 척하는 것이 고구려인들과 완전 똑같스무니다.

하늘의 자손임을 내세우다

고구려 사람들이 지니고 있던 천손 의식, 즉 '하늘의 자손'이라는 자부심은 발해인들에게 그대로 이어졌어요.
772년, 문왕이 일본으로 보낸 외교 문서에는 '천손'이라는 표현이 분명하게 나타나 있답니다.

> 우리 황상께서는 새로운 문물이나 제도가 있으면 적극적으로 배워서 활용할 줄 아셨죠.

당나라와 많은 교류를 하다

문왕 이전의 발해 황제들은 당나라와 전쟁을 하며 대립했어요. 그러나 문왕은 당시 문화의 중심지인 당나라에 사신을 50여 차례나 보내며 당나라의 새로운 문물을 받아들이는 데 앞장섰어요. 이는 모두 발해의 발전을 위한 선택이었죠.

당나라에서 난을 일으킨 안녹산은 어떤 사람이었나요?

안녹산은 소그드 사람 아버지와 돌궐 출신 어머니 사이에서 태어났어요. 한때는 무역에 관련된 일을 하다가 무관의 길을 걸었다고 해요. 무려 6개국의 말을 했고 수완이 매우 좋았대요. 무관이 된 안녹산은 당나라 현종의 신임을 받으며 당나라 국경방비군 전체의 1/3에 해당하는 큰 규모의 병력을 장악했어요. 그리고 자신을 모함한 사람을 처단한다는 명목으로 난을 일으켰지요.

문왕은 왜 당나라와 그렇게 많은 교류를 했나요?

당시 당나라는 국제적인 수준의 문물을 발달시켰고, 문화 교류의 중심지였기 때문이에요. 당나라 때 중국은 서역은 물론 로마와도 교류를 하며 황금기를 누렸어요. 문왕이 당나라의 문물과 제도들을 배우고 들여오려 한 것은, 오늘날 나라에 필요한 많은 제도들을 서구에서 받아들인 것과도 같아요. 또 세계 많은 나라에서 서구식 옷을 입는 것과도 같지요.

우리도 천손

함경남도에서 발견된 발해의 금동판

함경남도에서 발견된 발해의 금동판에는 '천손'이라는 글자가 새겨져 있어요. 고구려의 천손 의식이 발해로 이어졌음을 알 수 있지요.

무덤의 입구와 무덤 방 벽에는 공주를 지키는 호위 무사와
시종, 내시, 악사 등 12명의 신하가 그려져 있어요.

공주를 지키는 호위 무사의 모습이에요.

저세상으로 떠나는 공주에게
마지막 음악을 선물하고 싶었을까요?
벽화를 그리며 악사도 빼놓지 않았지요.

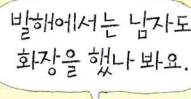

정효 공주 묘의 벽화에 있는 사람들은
모두 **하얀 얼굴**에 **입술**이 붉어요.
그래서 남자의 옷을 입은 여자가 아닐까
생각한답니다.

문왕의 결정! 어떻게 생각하나요?

나라를 위한 현명한 선택이다!

- 안녹산이 반란을 일으켜 당나라 황제마저 피난을 갈 만큼 위급한 상황이었기에 함부로 당나라를 편들 수 없었다.
- 자칫 당나라 편을 들었다가는 안녹산이 발해까지 침입할 수도 있었다.
- 문왕의 슬기로움으로 장원간에게 속지 않아 안녹산을 도와주지 않았다. 그래서 당나라와의 전쟁을 피할 수 있었다.

당나라에 대한 의리를 저버린 행동이다!

- 당나라에서 《당례》, 《십육국춘추》를 비롯한 많은 책과 선진 문물을 가지고 와 발해의 학문과 문화가 크게 발전하였다.
- 문왕의 재위 기간 동안 당나라에 50여 차례나 사신을 파견하여 당의 문화를 적극 수용하였다.
- 당나라와의 의리와 그동안의 정을 생각하여 도와주었어야 했다.

역사와 생각

문왕은 당나라를 적극적으로 도와주지 않았어요. 이런 문왕의 태도는 나라의 이익을 위한 외교일까요, 당나라와의 의리를 저버린 행동일까요?

일러두기

- 맞춤법, 띄어쓰기는 국립국어원에서 펴낸 《표준국어대사전》을 기준으로 삼았습니다.
  단, 역사 용어의 표기와 띄어쓰기는 교육인적자원부에서 펴낸 《교과서 편수 자료》를 따르되,
  어려운 용어는 쉽게 풀어 썼습니다.
- 학계에서 논의가 끝나지 않은 사안에 대해서는 감수위원의 의견과
  학계에서 인정하는 사료 및 금석문의 기록을 참고하여 반영하였습니다.
- 외국 인명, 지명은 국립국어원의 《외래어 표기 용례집》을 따랐습니다.
  단, 일반적으로 사용하는 우리음 표기도 썼습니다.
- 연도는 1895년 태양력 사용을 기점으로 이전은 음력으로 표기했습니다.
- 이 책에 사용한 사진은 관련 기관의 허락을 받아 게재했습니다.
  저작권자와 초상권자를 찾지 못한 일부 사진은 확인되는 대로 허락을 받겠습니다.

사진 출처 및 제공처

32-33 금동판-송기호
34-35 정효 공주 묘실 벽화-송기호